DESTRUYE ESTE LIBRO

y libérate de tu pasado

Prólogo

Me gustaría darte la bienvenida a "Destruye este libro" y explicarte brevemente de qué trata este libro y qué puedes esperar.

Me llamo Nele y, en primer lugar, me gustaría felicitarle por haber comprado este libro. Has decidido dejar atrás tu pasado, que probablemente no siempre fue fácil, y empezar un nuevo futuro con felicidad y satisfacción.

En este libro escribirás todo lo que te ha agobiado en el pasado, lo que te ha hundido, lo que te ha hecho daño, para que por fin puedas dejarlo atrás. ¿Hubo o hay gente tóxica en tu mundo? ¿Tienes dificultades en tu familia o con tus "amigos"? ¿Hay otras cosas que te molestan cuando haces memoria?

Simbólicamente, destruyes el libro al final para que tus problemas dejen de existir en tu mundo. No importa cómo destruyas el libro, también destruyes tus problemas del pasados, los miedos, las preocupaciones, las personas tóxicas y todo lo que has escrito.

Después te sentirás liberado y podrás iniciar un camino hacia tu futuro feliz.

Pero una cosa sigue siendo muy importante para mí que quiero que sepas: Este libro surgió porque descubrí por mí misma que me ayuda mucho escribir mis problemas y luego destruirlas. Siempre me he sentido libre y totalmente aliviada

Prólogo

después. No soy psicóloga, sólo escribí y puse en papel lo que me ayudó a dejar atrás mi pasado.

En tu caso puede servirte tanto como a mí, que por supuesto espero y asumo. Sin embargo, en raras ocasiones puede no servirte tanto con ciertas y cosas graves que hayas vivido en tu pasado. Lo que te digo es esto: Si te sientes muy mal por haber rellenado este libro y sientes que no puedes lidiar con tu pasado, por favor busca ayuda profesional. No hay que avergonzarse de ello y, sin duda, te ayudará mucho más.

Este libro es de autoayuda y te ofrece un método para dejar ir tu pasado de forma simbólica.

Me alegro si el libro puede ayudarte y te deseo mucho éxito al rellenarlo y trabajarlo...

ASÍ ES COMO FUNCIONA

Rellenar

El libro consiste principalmente en preguntas y ejercicios sobre sentimientos, miedos, recuerdos y personas de tu pasado. Cada tarea se explica al principio. Rellena todo y recuerda tu pasado, aunque sea difícil.

Destruye

Para terminar con las cosas negativas que has anotado en el libro, se te pedirá que destruyas el libro. Más adelante se explicará cómo hacerlo. La sensación tras la destrucción es indescriptible.

¡La honestidad es la mejor política!

¡Sólo tú tienes acceso a este diario!
Por lo tanto, ¡me gustaría pedirte que seas tal y como eres y, sobre todo, que seas honesto/a!

"¡Sólo escribiré la verdad en este libro y no me mentiré a mí mismo!
¡Todo lo que pongo por escrito en este libro es la realidad desde mi punto de vista!"

¡Estoy de acuerdo!

☐

Marca la casilla.

Firma: ....

TÚ MISMO

Este/a soy yo (nombre, edad, lugar de residencia, profesión, escuela):

....

....

....

....

....

....

....

Esto es lo que hago fuera de mi escuela/profesión:

....

....

....

....

....

....

....

Así es como me describiría a mí mismo:

Así es como me describirían los demás:

Esto es lo que me gusta de mí:

....

....

....

....

....

....

....

Esto es lo que no me gusta de mí:

....

....

....

....

....

....

....

....

Esto es lo que hace que mi existencia sea importante:

....

....

Esto me hace realmente único:

....

....

Este es el recuerdo que me gustaría dejar en el mundo:

....

....

Este es un cumplido que me gustaría recibir:

....

....

Estoy contento/a con mi presente tal y como es ahora.

¡Sí!	A veces sí, a veces no	¡No, en absoluto!
☐	☐	☐

Mi apariencia es importante para mí.

¡Sí!	A veces sí, a veces no	¡No, en absoluto!
☐	☐	☐

Me gusto físicamente.

¡Sí!	A veces sí, a veces no	¡No, en absoluto!
☐	☐	☐

Me siento cómodo en un entorno con otras personas.

¡Sí!	A veces sí, a veces no	¡No, en absoluto!
☐	☐	☐

Me gusta ir al cine.

¡Sí!	A veces sí, a veces no	¡No, en absoluto!
☐	☐	☐

Me gusta ir a nadar.

¡Sí!	A veces sí, a veces no	¡No, en absoluto!
☐	☐	☐

Soy una persona apasionada de la música.

¡Sí!	A veces sí, a veces no	¡No, en absoluto!
☐	☐	☐

Me gustan los animales.

¡Sí!	A veces sí, a veces no	¡No, en absoluto!
☐	☐	☐

Tengo una vocación artística.

¡Sí!	A veces sí, a veces no	¡No, en absoluto!
☐	☐	☐

Me gusta el juego.

¡Sí!	A veces sí, a veces no	¡No, en absoluto!
☐	☐	☐

Me gusta montar en bicicleta.

¡Sí!	A veces sí, a veces no	¡No, en absoluto!
☐	☐	☐

Me gusta salir a pasear.

¡Sí!	A veces sí, a veces no	¡No, en absoluto!
☐	☐	☐

En general, me describiría como una persona extrovertida.

¡Sí!	A veces sí, a veces no	¡No, en absoluto!
☐	☐	☐

Me describiría más bien como una persona introvertida.

¡Sí!	A veces sí, a veces no	¡No, en absoluto!
☐	☐	☐

Soy una persona tímida.

¡Sí!	A veces sí, a veces no	¡No, en absoluto!
☐	☐	☐

Soy una persona de mente abierta.

¡Sí!	A veces sí, a veces no	¡No, en absoluto!
☐	☐	☐

Me encanta:

....

....

Lo odio:

....

....

Me encantaría colaborar con esto:

....

....

Los desconocidos piensan que soy muy mayor:

....

....

Este es mi recuerdo más antiguo:

....

....

Si mis amigos tuvieran que describirme en tres palabras:

① ....
② ....
③ ....

Esto es lo que me importa de mi actitud:

....

....

Me siento muy mayor:

....

....

Esta es mi foto favorita de mi feed de Instagram. Describe:

....

....

....

....

....

....

....

Esto es lo que asocio con esta foto:

....

....

....

....

....

....

Las vacaciones de mis sueños serían en:

....

....

Si sólo tuviera 10 minutos, escucharía esta música:

....

....

Si pudiera volver el tiempo atrás, iría a este punto:

....

....

Por eso soy útil/no útil para los demás:

....

....

Esto es lo que encuentro romántico

....

....

Estas son las tres cosas románticas que desearía:

① ....
② ....
③ ....

Esto es lo que generalmente deseo de mi pareja

....

....

Esto es lo que significa una relación para mí

....

....

Este es el mensaje que quiero en mi pantalla de bloqueo

....

....

Aquí es donde me siento seguro:

....

....

Por esto quiero que me llamen:

....

....

A medida que pasa el tiempo, me doy cuenta de que ...

....

....

Mi definición de amor verdadero:

....
....
....
....
....
....
....
....
....
....

Este es un momento que quiero revivir

....

....

Este es un momento que no quiero volver a experimentar:

....

....

Mi tiempo frente a la pantalla:

....

....

Creo que estoy demasiado tiempo con el móvil:

¡Sí!	A veces sí, a veces no	¡No, en absoluto!
☐	☐	☐

Si tuviera que hacerlo, me haría este tatuaje

Dibuja

Mi mayor secreto que nadie debe conocer:

¿Qué te gustaría decirle a tu "yo" de 5 años?
Escribe una carta:

Querido "yo" a los cinco años,

Así es como me veo a mí mismo
Haz una marca en la barra:

paciente	0%	100%
amable	0%	100%
divertido/a	0%	100%
creativo/a	0%	100%
sociable	0%	100%
elegante	0%	100%
inteligente	0%	100%
tolerante	0%	100%
tranquilo/a	0%	100%
respetuoso/a	0%	100%
leal	0%	100%
deportivo/a	0%	100%
talentoso/a	0%	100%
seguro de mí mismo/a	0%	100%
honesto/a	0%	100%

Esto es lo que pasa por mi cabeza en este momento:

Dibuja o escribe:

Mi definición de odio:

Es fácil para mí decir que no:

- ¡Sí!
- A veces sí, a veces no
- ¡No, en absoluto!

Mi peor pesadilla:

....

....

Esto es lo que me da miedo:

....

....

¿Por qué tengo miedo?

....

....

Soy celoso/a

¡Sí!	A veces sí, a veces no	¡No, en absoluto!
☐	☐	☐

Esto es lo que me da envidia:

....

....

Eso es lo malo de los celos para mí:

....

....

....

....

....

....

Veo mucho YouTube.

¡Sí!	A veces sí, a veces no	¡No, en absoluto!
☐	☐	☐

Mi Youtuber favorito

....

....

Este es el contenido que veo en YouTube.

....

....

¿Percibo YouTube como algo positivo o negativo para mí y mi estado de ánimo?

....

....

Paso mucho tiempo en TikTok e Instagram.

¡Sí!	A veces sí, a veces no	¡No, en absoluto!
☐	☐	☐

Influencer favorito:

....

....

Este es el contenido que veo en Instagram y TikTok.

....

....

¿Percibo las redes sociales como algo positivo o negativo para mí y mi estado de ánimo?

....

....

Así es el fin de semana:

Así era un fin de semana en mi infancia:

Con este punto más sobre mí, me gustaría por fin poner punto final:

Dibuja o escribe:

<u>Mirando hacia atrás, estas son las cosas más importantes del capítulo "Tú mismo" con las que quiero terminar:</u>

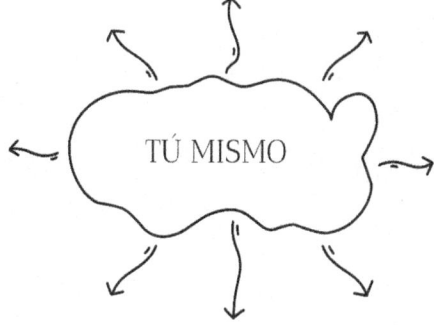

OTRAS PERSONAS

Estas son las personas más importantes en mi vida. (Si no puedes nombrar a una persona en este momento, deja estas páginas en blanco).

Nombre:

....

Razón:

....

Nombre:

....

Razón:

....

Nombre:

....

Razón:

....

Nombre:

Razón:

Nombre:

Razón:

Nombre:

Razón:

Nombre:

Razón:

Esta persona la admiro:

....

....

Soy fan de:

....

....

Esta persona me gustaría conocerla algún día:

....

....

Estoy orgulloso de:

....

....

Las personas del siguiente entorno han tenido una importante influencia negativa en mi pasado:

Pareja/ex pareja

☐

Padres

☐

Familiares

☐

Falsos amigos

☐

Otro entorno:

....

Tuve grandes discusiones con estas personas:

Nombre:

....

Razón:

....

Nombre

....

Razón:

....

Nombre:

....

Razón:

....

Nombre:

Razón:

Nombre:

Razón:

Nombre

Razón:

Nombre:

Razón:

Este argumento lo cambió todo. Así fue como se produjo y eso fue lo peor de todo:

Con mis padres me une:

_____

_____

Mis padres en tres palabras:

① _____

② _____

③ _____

Fui muy feliz en mi infancia:

¡Sí!	A veces sí, a veces no	¡No, en absoluto!
☐	☐	☐

Por eso estoy orgulloso/a /no orgulloso/a de mis padres:

_____

_____

¿Cómo era/es la relación con tus padres?

cariñosa   0% ▬▬▬▬▬▬▬▬▬▬▬▬▬▬▬▬ 100%

confiada   0% ▬▬▬▬▬▬▬▬▬▬▬▬▬▬▬▬ 100%

divertida   0% ▬▬▬▬▬▬▬▬▬▬▬▬▬▬▬▬ 100%

respetuosa   0% ▬▬▬▬▬▬▬▬▬▬▬▬▬▬▬▬ 100%

protectora   0% ▬▬▬▬▬▬▬▬▬▬▬▬▬▬▬▬ 100%

fiable   0% ▬▬▬▬▬▬▬▬▬▬▬▬▬▬▬▬ 100%

justa   0% ▬▬▬▬▬▬▬▬▬▬▬▬▬▬▬▬ 100%

tolerante   0% ▬▬▬▬▬▬▬▬▬▬▬▬▬▬▬▬ 100%

estricta   0% ▬▬▬▬▬▬▬▬▬▬▬▬▬▬▬▬ 100%

autoritaria 0% ▬▬▬▬▬▬▬▬▬▬▬▬▬▬▬▬ 100%

leal   0% ▬▬▬▬▬▬▬▬▬▬▬▬▬▬▬▬ 100%

negativa   0% ▬▬▬▬▬▬▬▬▬▬▬▬▬▬▬▬ 100%

vengativa   0% ▬▬▬▬▬▬▬▬▬▬▬▬▬▬▬▬ 100%

agresiva   0% ▬▬▬▬▬▬▬▬▬▬▬▬▬▬▬▬ 100%

tóxica   0% ▬▬▬▬▬▬▬▬▬▬▬▬▬▬▬▬ 100%

Una carta a mis padres:

Esta persona me hace reír:
....

Esta persona siempre está de buen humor:
....

Esta persona es muy importante para mí:
....

Puedo aprender algo de esta persona:
....

Esta persona siempre está ahí para mí:
....

Esta persona es un modelo para mí:
....

Esta persona me parece muy atractiva:
....

La peor disputa con una persona:

Estos fueron los motivos:

No me hace gracia esta persona:

....

Esta persona es pesimista:

....

Esta persona siempre está de mal humor:

....

Esta persona me hizo llorar:

....

Se supone que esta persona debería estar ahí para mí, pero nunca lo está:

....

Esta persona me ha hecho mucho daño:

....

No quiero tener nada más que ver con esta persona:

....

Mis últimas vacaciones las pasé aquí:

....

....

¿En qué pienso cuando pienso en vacaciones?

① ....

② ....

③ ....

Me gusta ir de vacaciones:

¡Sí!	A veces sí, a veces no	¡No, en absoluto!
☐	☐	☐

Mi experiencia vacacional más horrible:

....

....

Una anécdota de unas vacaciones:

¿Dónde me gustaría ir algún día y con quién?

¿Qué es verdad?

Tengo muchos amigos

+++	++	+	o	−	− −	− − −
☐	☐	☐	☐	☐	☐	☐

A menudo hago cosas con amigos

+++	++	+	o	−	− −	− − −
☐	☐	☐	☐	☐	☐	☐

Confío en mis amigos.

+++	++	+	o	−	− −	− − −
☐	☐	☐	☐	☐	☐	☐

Mis amigos confían en mí.

+++	++	+	o	−	− −	− − −
☐	☐	☐	☐	☐	☐	☐

Puedo confiar en mis amigos.

+++	++	+	o	−	− −	− − −
☐	☐	☐	☐	☐	☐	☐

¿Qué es verdad?

Me siento cómodo con mis amigos.

+++	++	+	o	−	− −	− − −
☐	☐	☐	☐	☐	☐	☐

A menudo no me siento comprendido por mis amigos.

+++	++	+	o	−	− −	− − −
☐	☐	☐	☐	☐	☐	☐

A menudo me siento fuera de lugar.

+++	++	+	o	−	− −	− − −
☐	☐	☐	☐	☐	☐	☐

Puedo contarles a mis amigos cualquier cosa.

+++	++	+	o	−	− −	− − −
☐	☐	☐	☐	☐	☐	☐

Siento que se están aprovechado de mí.

+++	++	+	o	−	− −	− − −
☐	☐	☐	☐	☐	☐	☐

¿Qué es verdad?

A menudo no me siento comprendido en general.

+++	++	+	o	−	− −	− − −
☐	☐	☐	☐	☐	☐	☐

A menudo siento que no se me escucha.

+++	++	+	o	−	− −	− − −
☐	☐	☐	☐	☐	☐	☐

Me siento solo/a.

+++	++	+	o	−	− −	− − −
☐	☐	☐	☐	☐	☐	☐

A menudo lloro.

+++	++	+	o	−	− −	− − −
☐	☐	☐	☐	☐	☐	☐

Reflexiono mucho.

+++	++	+	o	−	− −	− − −
☐	☐	☐	☐	☐	☐	☐

¿Qué es verdad?

A menudo no puedo dormir.

+++	++	+	o	-	--	---
☐	☐	☐	☐	☐	☐	☐

Hago mucho deporte.

+++	++	+	o	-	--	---
☐	☐	☐	☐	☐	☐	☐

Tengo una afición que me distrae.

+++	++	+	o	-	--	---
☐	☐	☐	☐	☐	☐	☐

A menudo me enfado.

+++	++	+	o	-	--	---
☐	☐	☐	☐	☐	☐	☐

Estoy contento con mi situación.

+++	++	+	o	-	--	---
☐	☐	☐	☐	☐	☐	☐

¿Qué es verdad?

A menudo me siento inquieto/a.

+++	++	+	o	-	--	---
☐	☐	☐	☐	☐	☐	☐

A menudo me siento agitado/a.

+++	++	+	o	-	--	---
☐	☐	☐	☐	☐	☐	☐

Cuando reflexiono, me enfado.

+++	++	+	o	-	--	---
☐	☐	☐	☐	☐	☐	☐

Estoy agradecido/a.

+++	++	+	o	-	--	---
☐	☐	☐	☐	☐	☐	☐

Soy una persona sociable.

+++	++	+	o	-	--	---
☐	☐	☐	☐	☐	☐	☐

¿Qué es verdad?

¡Quiero cambiar algo!

+++	++	+	o	−	− −	− − −
☐	☐	☐	☐	☐	☐	☐

Quiero dejar ir a una o más personas.

+++	++	+	o	−	− −	− − −
☐	☐	☐	☐	☐	☐	☐

Quiero empezar un nuevo capítulo.

+++	++	+	o	−	− −	− − −
☐	☐	☐	☐	☐	☐	☐

Estoy satisfecho con mi pasado.

+++	++	+	o	−	− −	− − −
☐	☐	☐	☐	☐	☐	☐

¡Me quiero a mí mismo!

+++	++	+	o	−	− −	− − −
☐	☐	☐	☐	☐	☐	☐

Con mis amigos me une:

....

....

Mis amigos en tres palabras:

① ....

② ....

③ ....

Estoy muy satisfecho/a con mis amigos:

¡Sí!	A veces sí, a veces no	¡No, en absoluto!
☐	☐	☐

Por eso estoy orgulloso/a /no orgulloso/a de mis amigos:

....

....

Una carta a mis amigos:

Con este punto más sobre mi círculo de amigos, me gustaría poner punto y final:

Dibuja o escribe:

Esto es lo que me parecen los niños en general:

....

....

Cuando pienso en niños, pienso en:

① ....

② ....

③ ....

¿Quiero tener hijos algún día?

¡Sí!	A veces sí, a veces no	¡No, en absoluto!
☐	☐	☐

Así es como llamaría a mis hijos:

....

....

Mirando hacia atrás, estas son las cosas más importantes del capítulo "Otras personas" con las que quiero terminar:

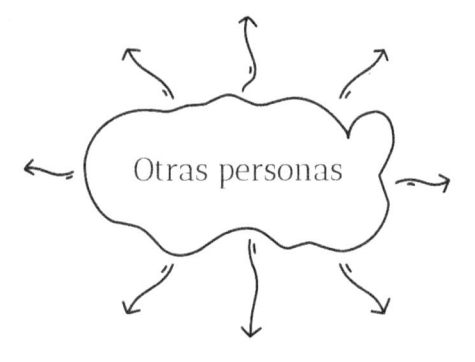

Otras personas

EXPERIENCIAS

Estas personas fueron decisivas en las experiencias negativas:

....

....

Estas tres cosas me han hecho mucho daño:

① ....

② ....

③ ....

¿Después de todas las experiencias negativas hubo una disculpa o se resolvió el asunto?

¡Sí!	A veces sí, a veces no	¡No, en absoluto!
☐	☐	☐

Esto fue lo positivo de las experiencias:

....

....

Mi peor experiencia:

Lo que más me impactó de esto fue...

Si pudiera cambiar una cosa, sería:

A menudo pienso en esta experiencia/momento antes de quedarme dormido/a:

Escribe una carta a ti mismo:

Querido yo...

Me gustaría terminar con esta experiencia de mi pasado:

Dibuja o escribe:

<u>Mirando hacia atrás, estas son las cosas más importantes del capítulo "Experiencias" con las que quiero terminar:</u>

Experiencias

EL AMOR

Mi primera cita:

Mi primer beso:

Mi primer gran amor:

....

....

Cuando pienso en mis relaciones, pienso en las tres cosas siguientes:

① ....

② ....

③ ....

¿Los recuerdos positivos de mis relaciones superan a los negativos?

¡Sí!	A veces sí, a veces no	¡No, en absoluto!
☐	☐	☐

¿Sigo en contacto con mis ex-parejas?

....

....

Las cosas positivas de mis relaciones

....

....

....

....

....

....

....

....

Esto es lo que aprendí de las relaciones:

....

....

....

....

....

....

....

....

Una carta a mi ex:

¿Cómo fue tu última relación?
Marca en la barra:

Amorosa	0%	100%
Familiar	0%	100%
Divertida	0%	100%
Apasionada	0%	100%
Aburrida	0%	100%
Segura	0%	100%
Justa	0%	100%
Tolerante	0%	100%
Relajante	0%	100%
Respetuosa	0%	100%
Leal	0%	100%
Celosa	0%	100%
Fiel	0%	100%
Narcisista	0%	100%
Tóxica	0%	100%

La peor experiencia de mi ex-relación:

....

....

....

....

....

....

....

Esto es lo que llevó a nuestra ruptura

....

....

....

....

....

....

....

Mi ruptura fue:

....

....

Cuando pienso en mi ruptura, pienso en estas tres cosas:

① ....

② ....

③ ....

He cerrado mi relación.

¡Sí!	A veces sí, a veces no	¡No, en absoluto!
☐	☐	☐

Hubiera preferido no hacer esto:

....

....

Me gustaría terminar con este otro punto de mi(s) relación(es) pasada(s):

Dibuja o escribe:

Mirando hacia atrás, estas son las cosas más importantes del capítulo "Amor" con las que quiero terminar:

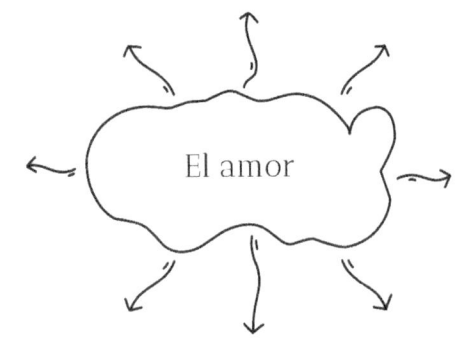

El amor

MI PASADO

Mi pasado en una frase:

....

....

Mi pasado en tres palabras:

① ....

② ....

③ ....

En mi pasado cambiaría lo siguiente:

Si!　　　　　No!

☐　　　　　☐

Cambiaria eso de mi pasado:

....

....

Cuando pienso en mi pasado en general, pienso en:

Esto fue lo peor de mi pasado:

Mi mayor secreto:

Esta es mi conclusión final después de este libro:

....

....

....

....

....

....

....

....

Mirando hacia atrás, esto es lo que más me ha molestado de mi pasado:

....

....

....

....

....

....

....

Estas son las cosas que estoy prohibiendo en mi vida:

Mi lista de tareas pendientes:

Eso es lo que me ha enseñado este libro, eso es lo que estoy cerrando y por eso estoy empezando a ser feliz ahora:

Dibuja o escribe:

Espacio para más cosas con las que quiero terminar definitivamente:

Dibuja o escribe:

Espacio para más cosas con las que quiero terminar definitivamente:

Dibuja o escribe:

Espacio para más cosas con las que quiero terminar definitivamente:

Dibuja o escribe:

Espacio para más cosas con las que quiero terminar definitivamente:

Dibuja o escribe:

Espacio para más cosas con las que quiero terminar definitivamente:

Dibuja o escribe:

Espacio para más cosas con las que quiero terminar definitivamente:

Dibuja o escribe:

Espacio para más cosas con las que quiero terminar definitivamente:

Dibuja o escribe:

Espacio para más cosas con las que quiero terminar definitivamente:

Dibuja o escribe:

Espacio para más cosas con las que quiero terminar definitivamente:

Dibuja o escribe:

Espacio para más cosas con las que quiero terminar definitivamente:

Dibuja o escribe:

Mirando hacia atrás, estas son las cosas más importantes del capítulo "Mi pasado" con las que quiero terminar:

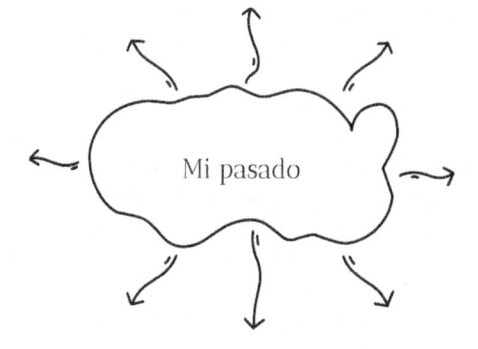

Mi pasado

LA CONCLUSIÓN

La conclusión

GRACIAS POR TU TIEMPO
Esperamos sinceramente haber podido ayudarte y que el libro haya hecho su parte lo mejor posible.

Sigue dejándote llevar →

La conclusión

Ahora he rellenado completamente este libro y he vuelto a sacar todos los lados negativas de mi pasado. En cuanto haya marcado la casilla inferior, volveré a cerrar definitivamente los capítulos negativas de mi pasado y me centraré en un futuro feliz. Las cosas positivas de mi pasado me ayudan a hacerlo.

Dejaré atrás las
cosas negativas!

☐

Sigue dejándote llevar

———————————→

La conclusión

⚠️

Seguro que también has anotado algunos aspectos positivos en los ejercicios y preguntas. Te pido que recortes o fotografíes las anotaciones sobre lo que es especialmente importante en tu vida para ti, antes de destruirlas y que las guardes en un lugar secreto. Pueden recordarte en el futuro y motivarte a ser feliz. En los momentos difíciles puedes volver a leerlos y sacar nuevas fuerzas. La cuestión es apreciar los aspectos positivos de tu pasado y no simplemente quemarlos en el proceso de destrucción del libro.

Sigue dejándote llevar
⟶

La conclusión

⚠️

He eliminado las páginas positivas del libro, de modo que ahora sólo queda todo lo negativo por cerrar en el libro.

¡He retirado las
cosas positivas!

☐

Sigue dejándote llevar

———————————▶

La conclusión

Para hacer justicia al título del libro y ahora también para cerrar mentalmente con la parte negativa de tu pasado, ahora depende de ti:

<u>Destruye el libro rompiéndolo, enterrándolo, arrojándolo a una hoguera o destruyéndolo de alguna otra manera. Tus miedos, debilidades, experiencias negativas y todas las cosas que has escrito aquí y que han influido negativamente en tu pasado quedarán destruidas.</u>

Sigue dejándote llevar

→

¡DESTRUYE ESTE LIBRO!

EXENCIÓN DE RESPONSABILIDAD

Este libro ha sido escrito de buena fe.

El autor no se hace responsable de los daños y perjuicios causados por el contenido de este libro. El autor tampoco es responsable de los contenidos desactualizados, los errores de imprenta y la información errónea. Las declaraciones falsas no pueden excluirse por completo.

El uso y la puesta en practica de la información contenida en el libro se realiza por cuenta y riesgo del usuario.

El autor no asume ninguna responsabilidad legal por la información incorrecta y sus consecuencias.

DERECHOS DE AUTOR

Este libro está protegido por derechos de autor. Todos los derechos están reservados. El libro no puede ser reproducido, copiado o reimpreso en ninguna forma.

PIE DE IMPRENTA

Copyright © 2022 DESTRUYE ESTE LIBRO – y libérate de tu pasado

Editor/Contacto:
Ender Candan, Fidelisstr. 19, 52499 Baesweiler, Germany